AF187081

Impressum
Verlag: BABADADA GmbH, Nedderfeld 112 , 22529 Hamburg
Geschäftsführer / Verlagsleitung: Harald Hof
Druck: Books on Demand GmbH, In de Tarpen 42, 22848 Norderstedt

Imprint
Publisher: BABADADA GmbH, Nedderfeld 112 , 22529 Hamburg, Germany
Managing Director / Publishing direction: Harald Hof
Print: Books on Demand GmbH, In de Tarpen 42, 22848 Norderstedt, Germany

Szkoła
škola

Sala lekcyjna
trieda

dzielić
deliť

186/2

Tablica
tabuľa

Dziedziniec szkolny
školský dvor

Nauczyciel
učiteľ

Papier
papier

pisać
písať

Pisak
pero

Biurko
písací stôl

Liniał
pravítko

Książka
kniha

Uczeń
žiak

Plecak szkolny

školská taška

Piórnik

peračník

Ołówek

ceruza

Temperówka

strúhadlo na ceruzky

Gumka do mazania

guma

Blok rysunkowy

skicár

Rysunek

kresba

Pędzel

štetec

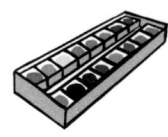

Pudełko z akwarelami

vodové farby

Nożyce

nožnice

Klej

lepidlo

Książka do ćwiczenia

cvičný zošit

Zadanie domowe

domáca úloha

12

Liczba

číslo

2+2

dodawać

sčítať

5-2

odejmować

odčítať

2×2

mnożyć

násobiť

liczyć

počítať

A

Litera

písmeno

ABCDEFG HIJKLMN OPQRSTU VWXYZ

Alfabet

abeceda

hello

Słowo

slovo

Tekst

text

czytać

čítať

Kreda

krieda

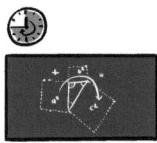

Godzina

hodina

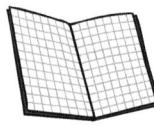

Dziennik lekcyjny

triedna kniha

Egzamin

skúška

Świadectwo

certifikát

Mundurek szkolny

školská uniforma

Wykształcenie

vzdelanie

Leksykon

encyklopédia

Uniwersytet

univerzita

Mikroskop

mikroskop

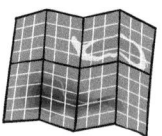

Mapa

mapa

Kosz na odpadki

kôš na papier

Podróż
cesta

Hotel
hotel
Grand
Schronisko
nocľaháreň
ROOMS
Kantor wymiany walut
zmenáreň
Walizka
kufor
Auto
auto

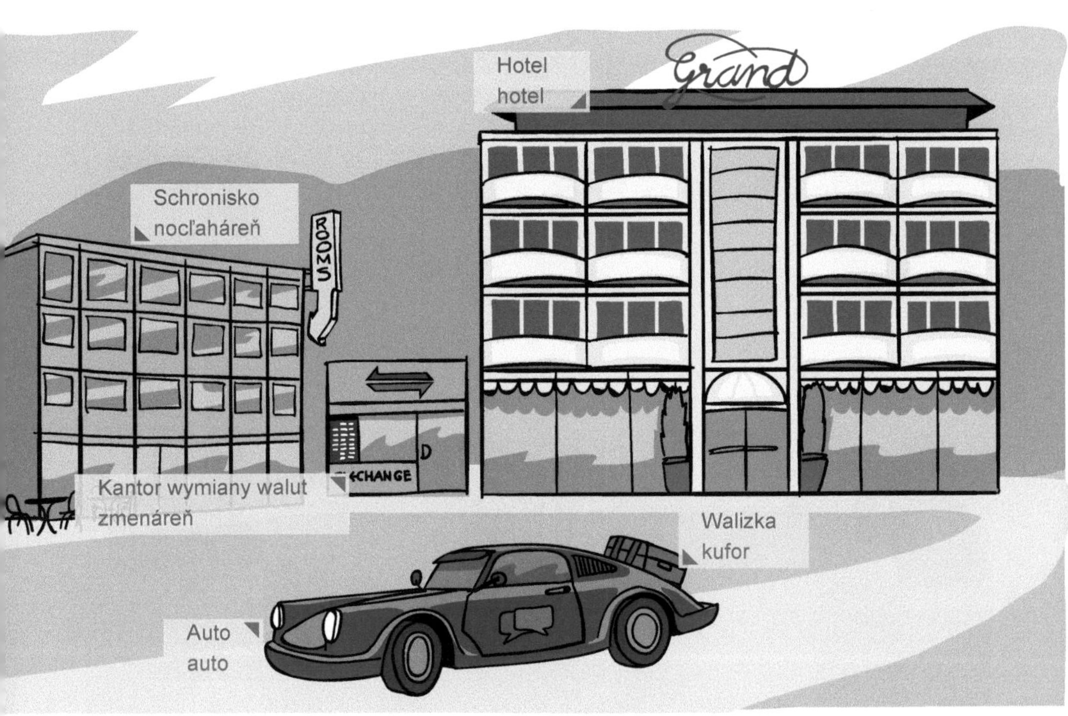

Język
jazyk

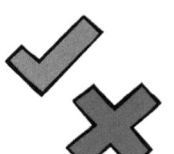

tak / nie
áno/nie

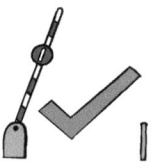

OK
v poriadku

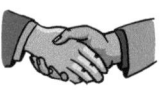

Halo
ahoj

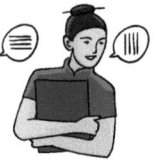

Tłumacz
prekladateľ

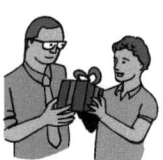

Dziękuję
ďakujem

Ile kosztuje ...?

Koľko stojí ... ?

Nie rozumiem

Nerozumiem

Problem

problém

Dobry wieczór!

Dobrý večer!

Dzień dobry!

Dobré ráno!

Dobranoc!

Dobrú noc!

Do widzenia

Dovidenia

Kierunek

smer

Bagaż

batožina

Torba

taška

Plecak

batoh

Gość

hosť

Pokój

izba

Śpiwór

spacák

Namiot

stan

Informacja turystyczna

informácie pre turistov

Plaża

pláž

Karta kredytowa

kreditná karta

Śniadanie

raňajky

Obiad

obed

Kolacja

večera

Bilet

cestovný lístok

Winda

výťah

Znaczek na list

poštová známka

Granica

hranica

Cło

clo

Ambasada

veľvyslanectvo

Wiza

vízum

Paszport

cestovný pas

Transport

doprava

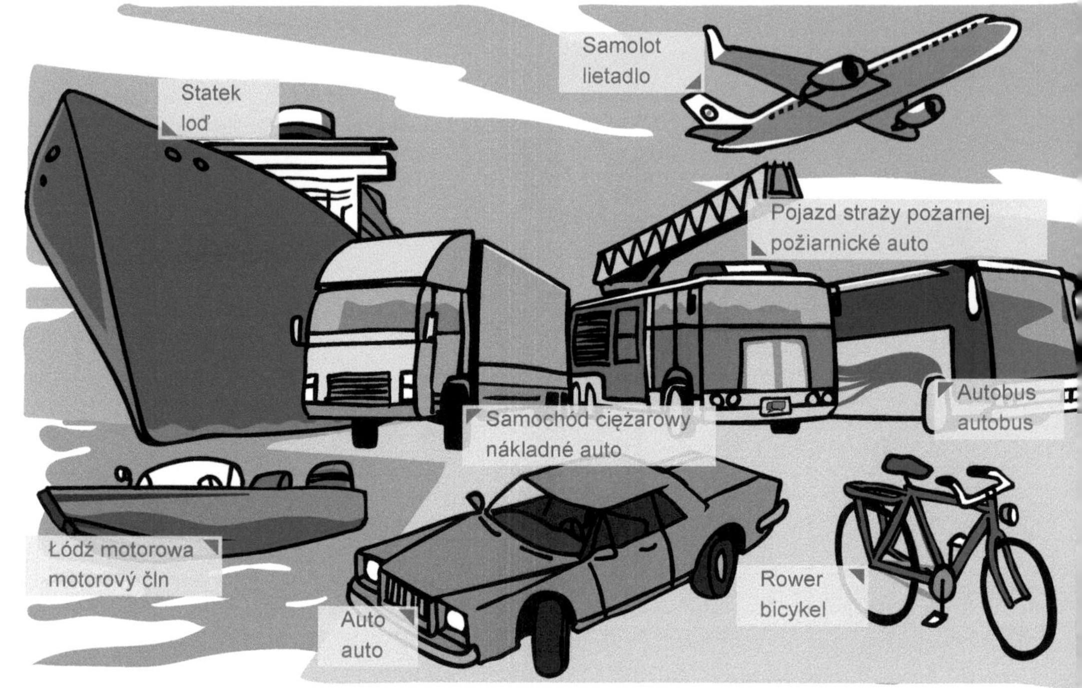
Samolot
lietadlo
Statek
loď
Pojazd straży pożarnej
požiarnické auto
Autobus
autobus
Samochód ciężarowy
nákladné auto
Łódź motorowa
motorový čln
Rower
bicykel
Auto
auto

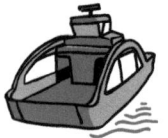

Prom

trajekt

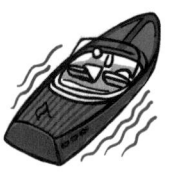

Łódź

loď

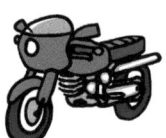

Motocykl

motorka

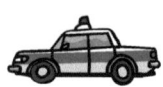

Radiowóz policyjny

policajné auto

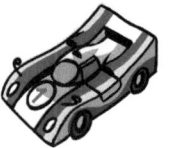

Samochód wyścigowy

pretekárske auto

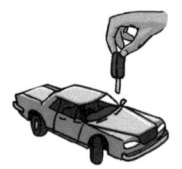

Samochód wypożyczony

vozidlo z požičovne

Wspólne przejazdy
samochodem
carsharing

Samochód pomocy
drogowej
odťahové auto

Śmieciarka

smetiarske auto

Silnik

motor

Benzyna

benzín

Stacja benzynowa

čerpacia stanica

Znak drogowy

dopravná značka

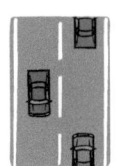

Ruch

premávka

Korek

zápcha

Parking

parkovisko

Dworzec

vlaková stanica

Szyny

trate

Pociąg

vlak

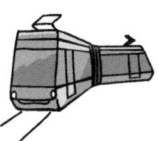

Tramwaj

električka

Wagon

vagón

Helikopter

helikoptéra

Lotnisko

letisko

Wieża

veža

Pasażer

pasažier

Kontener

kontajner

Karton

kartón

Taczka

vozík

Kosz

kôš

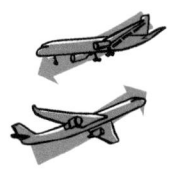

startować / lądować

štartovať / pristáť

Miasto

mesto

Wieś

dedina

Centrum miasta

centrum mesta

Dom

dom

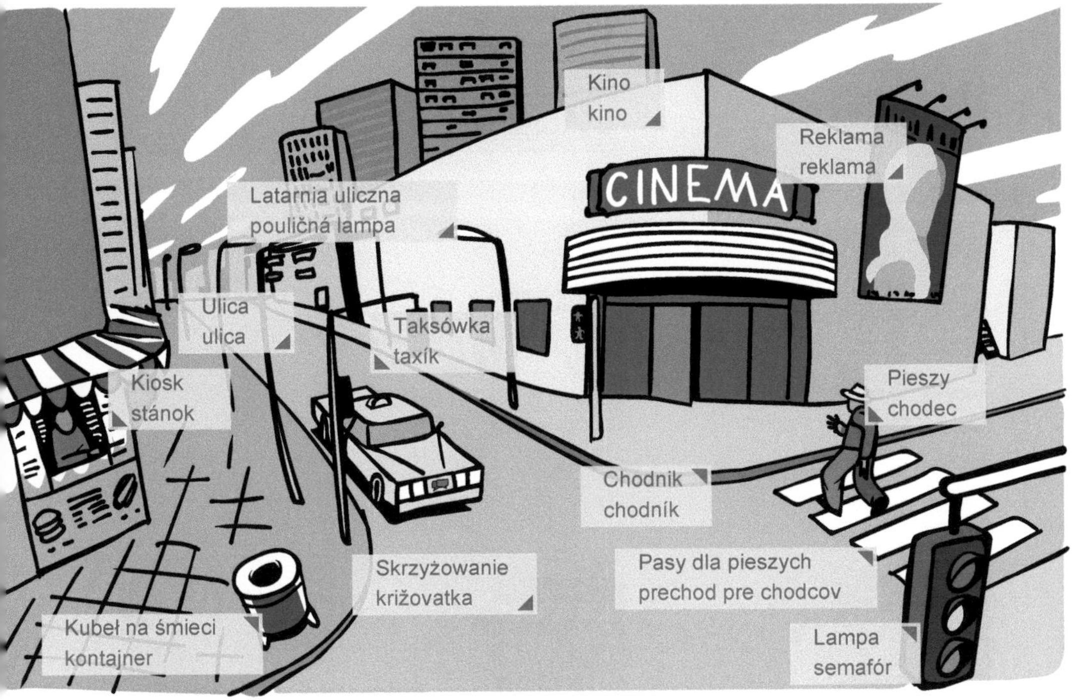
Kino
kino
Reklama
reklama
CINEMA
Latarnia uliczna
pouličná lampa
Ulica
ulica
Taksówka
taxík
Kiosk
stánok
Pieszy
chodec
Chodnik
chodník
Skrzyżowanie
križovatka
Pasy dla pieszych
prechod pre chodcov
Kubeł na śmieci
kontajner
Lampa
semafór

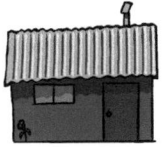

Chata

chata

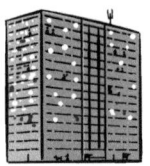

Mieszkanie

byt

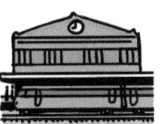

Dworzec

vlaková stanica

Ratusz

radnica

MUSEUM

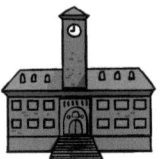

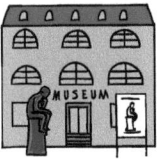

Muzeum

múzeum

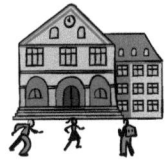

Szkoła

škola

Uniwersytet

univerzita

Bank

banka

Szpital

nemocnica

Hotel

hotel

Apteka

lekáreň

Biuro

kancelária

Księgarnia

kníhkupectvo

Sklep

obchod

Kwiaciarnia

kvetinárstvo

Supermarket

supermarket

Rynek

trh

Dom towarowy

obchodný dom

Sklep z rybami

obchodník s rybami

Centrum handlowe

nákupné stredisko

Port

prístav

Park

park

Ławka

lavička

Most

most

Schody

schody

Metro

metro

Tunel

tunel

Przystanek autobusowy

autobusová zastávka

Bar

bar

Restauracja

reštaurácia

Skrzynka na listy

poštová schránka

Tabliczka z nazwą ulicy

tabuľa s názvom ulice

Parkometr

parkovacie hodiny

Zoo

ZOO

Łaźnia

plaváreň

Meczet

mešita

Gospodarstwo chłopskie

farma

Zanieczyszczenie środowiska
znečisťovanie životného prostredia

Cmentarz

cintorín

Kościół

kostol

Plac zabaw

ihrisko

Świątynia

chrám

Krajobraz
terén

Liść
list

Drogowskaz
smerová tabuľa

Droga
cesta

Łąka
lúka

Kamień
kameň

Drzewo
strom

Wędrowiec
turista

Rzeka
rieka

Trawa
tráva

Kwiat
kvet

Dolina

dolina

Góra

kopec

Jezioro

jazero

Las

les

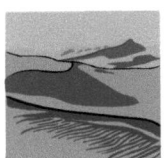

Pustynia

púšť

Wulkan

vulkán

Zamek

zámok

Tęcza

dúha

Grzyb

hríb

Palma

palma

Komar

komár

Mucha

mucha

Mrówka

mravec

Pszczoła

včela

Pająk

pavúk

Chrząszcz

chrobák

Żaba

žaba

Wiewiórka

veverička

Jeż

jež

Zając

zajac

Sowa

sova

Ptak

vták

Łabędź

labuť

Dzik

diviak

Jeleń

jeleň

Łoś

los

Tama

hrádza

Wiatrak

veterná turbína

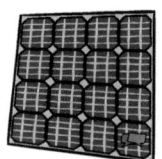

Moduł solarny

solárny panel

Klimat

podnebie

Restauracja
reštaurácia

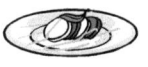

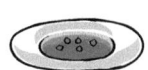

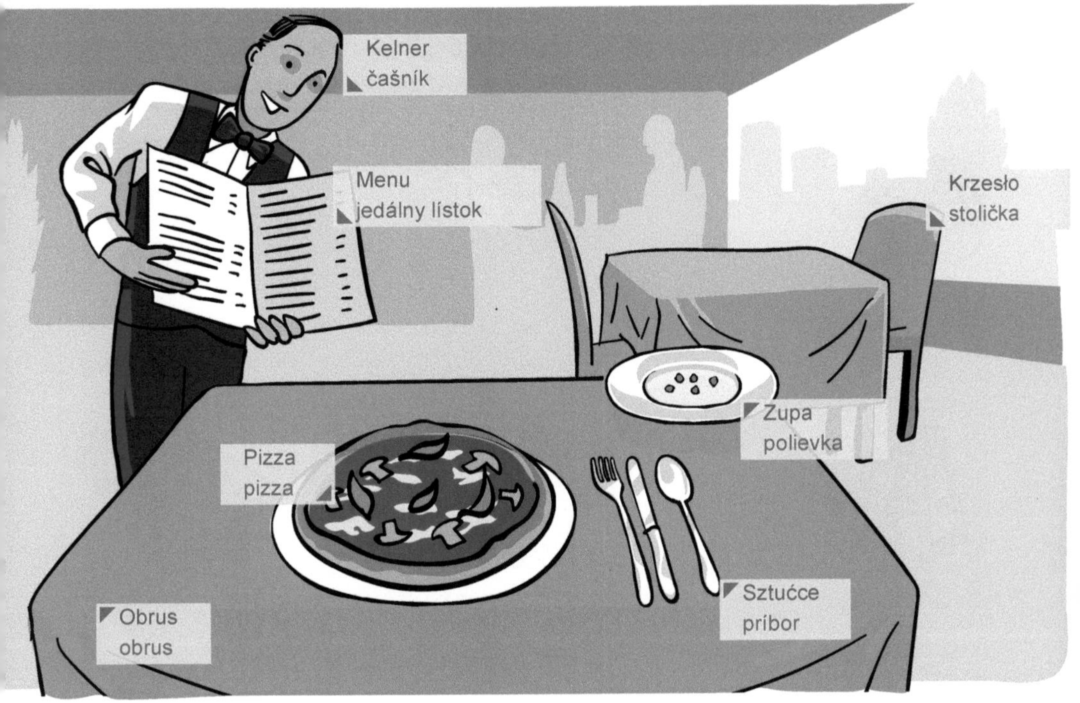
Kelner
čašník
Menu
jedálny lístok
Krzesło
stolička
Zupa
polievka
Pizza
pizza
Sztućce
príbor
Obrus
obrus

Przystawka
predjedlo

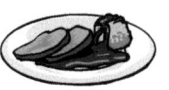

Danie główne
hlavné jedlo

Deser
zákusok

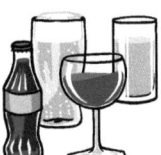

Napoje
nápoje

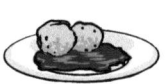

Jedzenie
jedlo

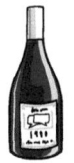

Butelka
fľaša

Fastfood

fast-food

Streetfood

street food

Dzbanek na herbatę

kanvica na čaj

Cukierniczka

cukornička

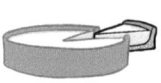

Porcja

porcia

Zaparzarka do espresso

stroj na espresso

Krzesło dla dziecka

detská stolička

Rachunek

účet

Taca

podnos

Noż

nôž

Widelec

vidlička

Łyżka

lyžica

Łyżeczka

čajová lyžička

Serwetka

obrúsok

Szklanka

pohár

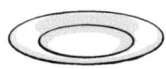

Talerz

tanier

Talerz do zupy

hlboký tanier

Podstawek pod filiżankę

podšálka

Sos

omáčka

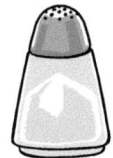

Solniczka

soľnička

Młynek do pieprzu

mlynček na korenie

Ocet

ocot

Olej

olej

Przyprawy

korenie

Keczup

kečup

Musztarda

horčica

Majonez

majonéza

Supermarket
supermarket

Oferta
špeciálna ponuka
FOR
Klient
klient
Produkty mleczne
mliečne výrobky
Owoce
ovocie
Wózek sklepowy
nákupný vozík

BUTCHERS

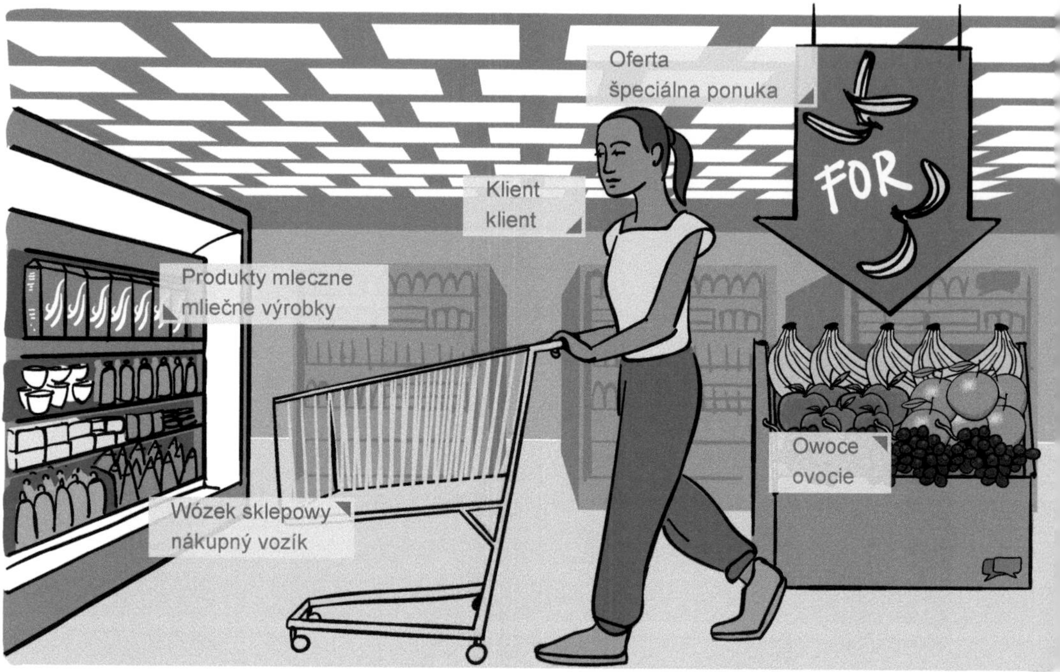

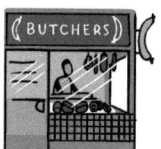

Rzeźnia

mäsiarstvo

BAKERY

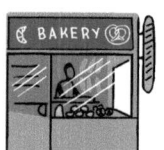

Piekarnia

pekáreň

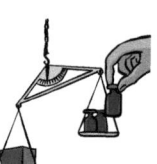

ważyć

vážiť

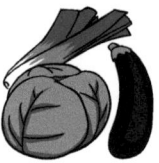

Warzywa

zelenina

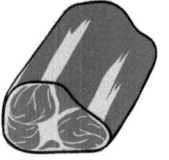

Mięso

mäso

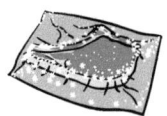

Mrożonki

mrazené potraviny

Wędliny

nárez

Konserwy

konzervy

Proszek m do prania

prací prostriedok

Słodycze

sladkosti

Artykuły użytku domowego

domáce potreby

Środek czyszczący

čistiace prostriedky

Sprzedawczyni

predavačka

Kasa

pokladňa

Kasjer

pokladník

Lista zakupów

nákupný zoznam

Godziny otwarcia

otváracie hodiny

Portfel

peňaženka

Karta kredytowa

kreditná karta

Torba

taška

Torebka plastikowa

plastové vrecko

Woda

voda

Sok

džús

Mleko

mlieko

Cola

kola

Wino

víno

Piwo

pivo

Alkohol

alkohol

Kakao

kakao

Herbata

čaj

Kawa

káva

Espresso

espresso

Cappuccino

kapučíno

Banan

banán

Jabłko

jablko

Pomarańcza

pomaranč

Arbuz

melón

Cytryna

citrón

Marchew

mrkva

Czosnek

cesnak

Bambus

bambus

Cebula

cibuľa

Grzyb

hríb

Orzechy

orechy

Makaron

rezance

Spaghetti

špagety

Ryż

ryža

Sałatka

šalát

Frytki

hranolky

Ziemniaki pieczone

pečené zemiaky

Pizza

pizza

Hamburger

hamburger

Kanapka

obložený chlebík

Sznycel

rezeň

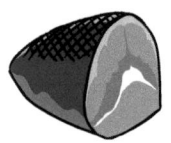

Szynka

šunka

Salami

saláma

Kiełbasa

klobása

Kura

kurča

Pieczeń

pečené mäso

Ryba

ryba

Płatki owsiane

ovsené vločky

Musli

müsli

Płatki kukurydziane

kukuričné lupienky

Mąka

múka

Croissant

croissant

Bułka

pečivo

Chleb

chlieb

Toast

hrianka

Ciastka

sušienky

Masło

maslo

Twarożek

tvaroh

Ciasto

koláč

Jajko

vajce

Jajko sadzone

volské oko

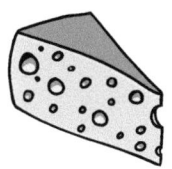

Ser

syr

Lody

zmrzlina

Cukier

cukor

Miód

med

Marmolada

lekvár

Krem nugatowy

nugátová nátierka

Curry

karí korenie

Gospodarstwo chłopskie
farma

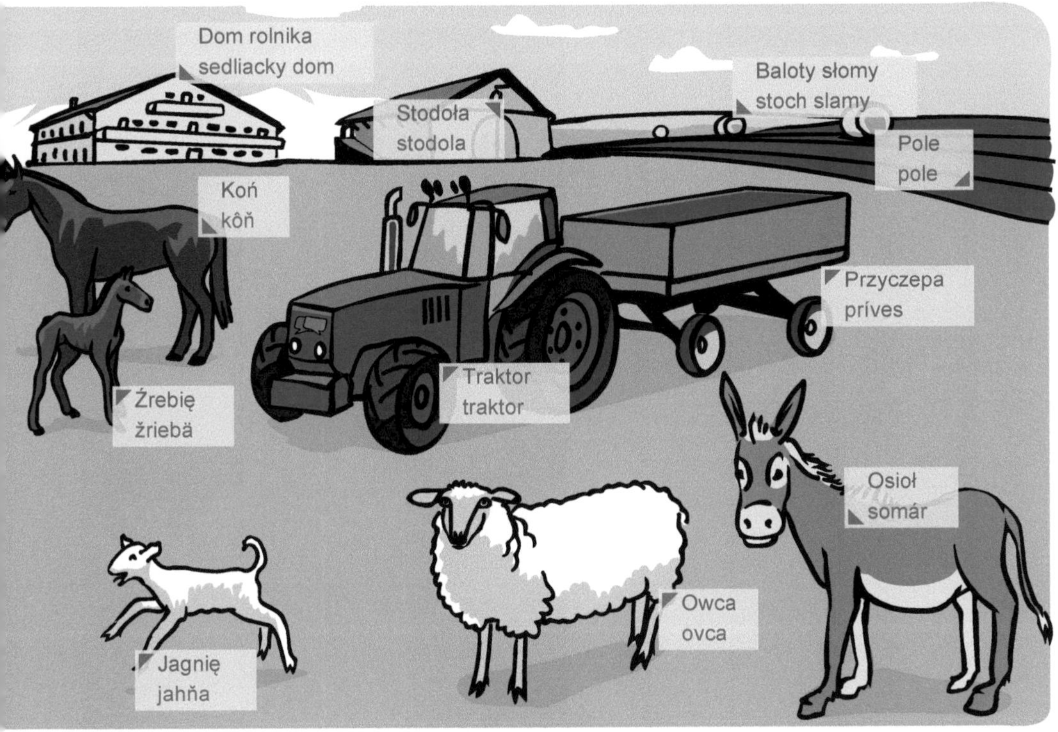
Dom rolnika
sedliacky dom
Stodoła
stodola
Baloty słomy
stoch slamy
Pole
pole
Koń
kôň
Przyczepa
príves
Traktor
traktor
Źrebię
žriebä
Osioł
somár
Owca
ovca
Jagnię
jahňa

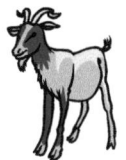

Koza
koza

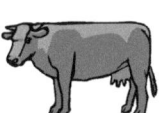

Krowa
krava

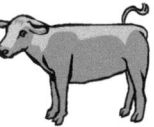

Cielę
teľa

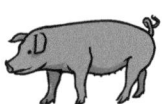

Świnia
prasa

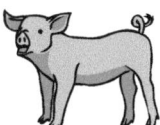

Prosię
prasiatko

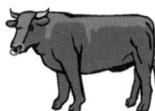

Byk
býk

Gęś

hus

Kaczka

kačica

Kurczątko

kuriatko

Kura

sliepka

Kogut

kohút

Szczur

potkan

Kot

mačka

Mysz

myš

Osioł

vôl

Pies

pes

Buda dla psa

psia búda

Wąż ogrodowy

záhradná hadica

Konewka

krhla

Kosa

kosa

Pług

pluh

Sierp

kosák

Graca

motyka

Widły

vidly na hnoj

Siekiera

sekera

Taczka

fúrik

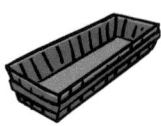

Koryto

koryto

Kanka na mleko

kanva na mlieko

Worek

vrece

Płot

plot

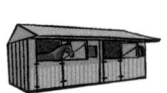

Stajnia

maštaľ

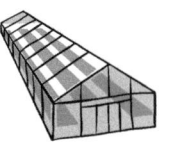

Szklarnia

skleník

Ziemia

pôda

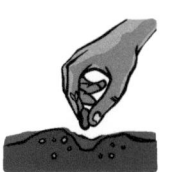

Nasiona

osivo

Nawóz

hnojivo

Kombajn zbożowy

kombajn

zbierać
žať

Żniwa
žatva

Podchrzyn
batát

Pszenica
pšenica

Soja
sója

Ziemniak
zemiak

Kukurydza
kukurica

Rzepak
repka

Drzewo owocowe
ovocný strom

Maniok
maniok

Zboże
obilie

Komin
komín

Dach
strecha

Rynna deszczowa
dażďový odkvap

Okno
okno

Garaż
garáž

Dzwonek
zvonček

Drzwi
dvere

Wiaderko na śmieci
odpadkový kôš

Skrzynka na listy
poštová schránka

Ogród
záhrada

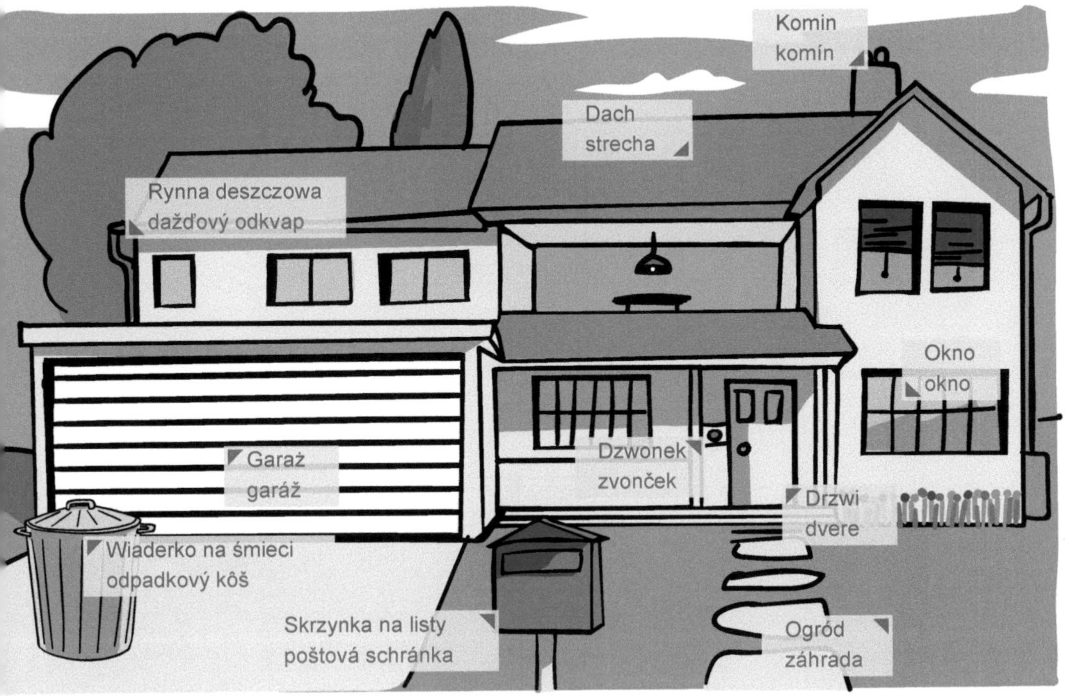

Pokój dzienny

obývačka

Łazienka

kúpeľňa

Kuchnia

kuchyňa

Sypialnia

spálňa

Pokój dziecięcy

detská izba

Jadalnia

jedáleň

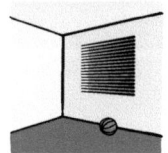

Ziemia

podlaha

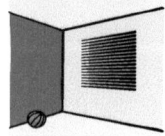

Ściana

stena

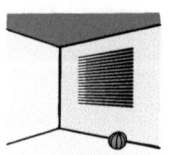

Koc

strop

Piwnica

pivnica

Sauna

sauna

Balkon

balkón

Taras

terasa

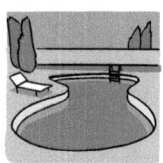

Basen

bazén

Kosiarka do trawy

kosačka

Poszwa

obliečka

Kołdra

posteľná prikrývka

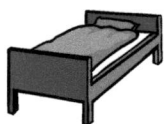

Łóżko

posteľ

Miotła

metla

Wiadro

vedro

Włącznik

vypínač

Pokój dzienny
obývačka

Tapeta
tapeta
Obraz
obraz
Lampa
lampa
Regał
regál
Szafa
skriňa
Telewizor
televízor
Komin
kozub
Kwiat
kvet
Poduszka
vankúš
Kanapa
pohovka
Wazon
váza
Pilot
diaľkové ovládanie

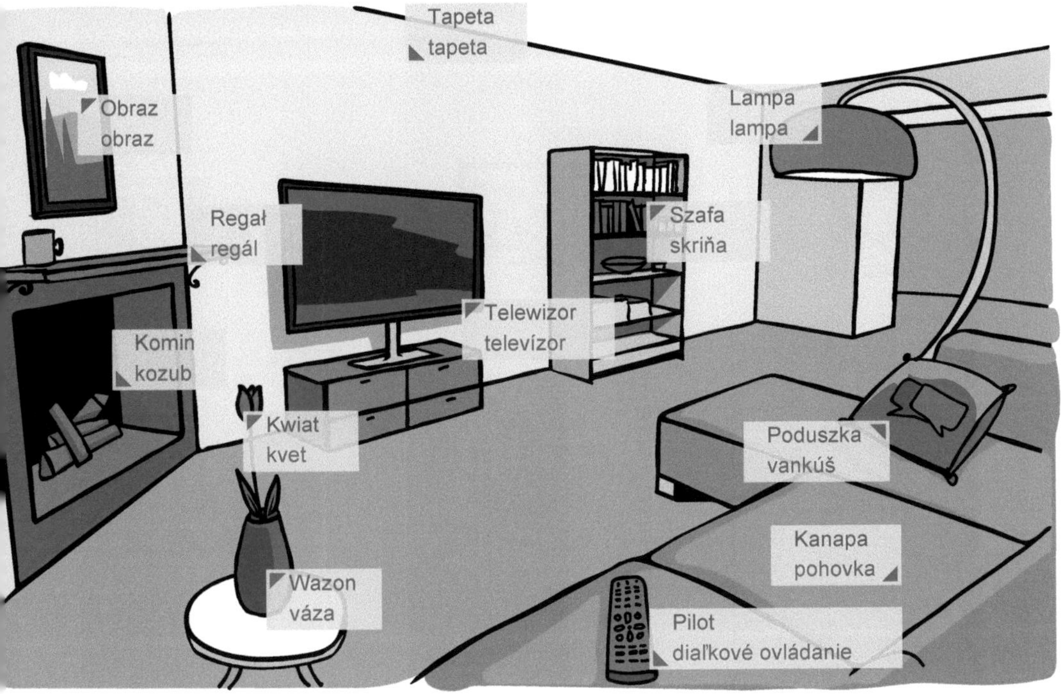

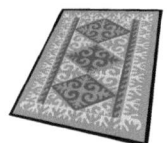

Dywan
koberec

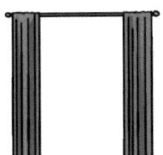

Zasłona
záclona

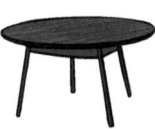

Stół
stôl

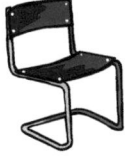

Krzesło
stolička

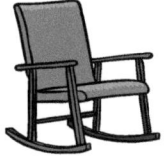

Bujak
hojdacie kreslo

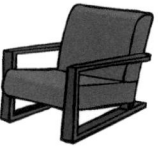

Fotel
kreslo

Książka

kniha

Sufit

prikrývka

Dekoracja

dekorácia

Drewno kominkowe

drevo na kúrenie

Film

film

Instalacja stereo

hi-fi veža

Klucz

kľúč

Gazeta

noviny

Malunek

maľba

Plakat

plagát

Radio

rádio

Notatnik

zápisník

Odkurzacz

vysávač

Kaktus

kaktus

Świeczka

sviečka

Kuchnia
kuchyňa

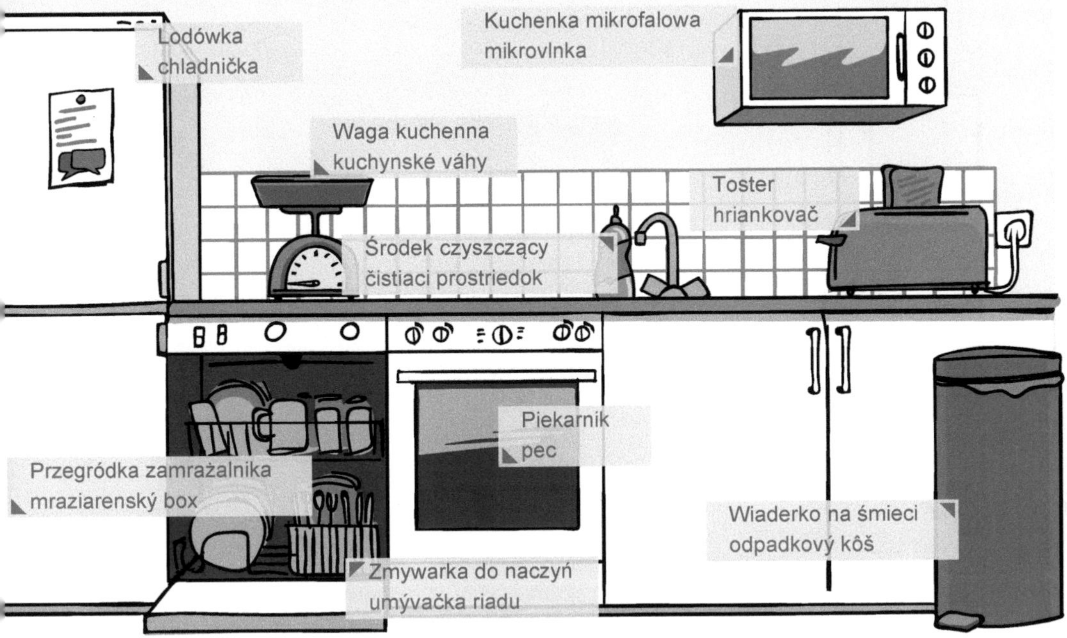
Lodówka
chladnička
Kuchenka mikrofalowa
mikrovlnka
Waga kuchenna
kuchynské váhy
Toster
hriankovač
Środek czyszczący
čistiaci prostriedok
Piekarnik
pec
Przegródka zamrażalnika
mraziarenský box
Wiaderko na śmieci
odpadkový kôš
Zmywarka do naczyń
umývačka riadu

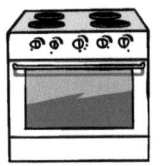

Kuchenka
sporák

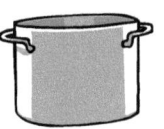

Garnek
hrniec

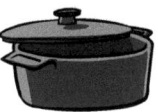

Kocioł żeliwny
železný hrniec

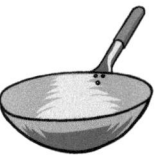

Wok / Kadai
wok / kadai

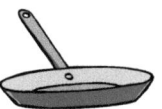

Patelnia
panvica

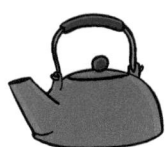

Czajnik
rýchlovarná kanvica

Parowar

parný hrniec

Blacha do pieczenia

plech na pečenie

Naczynia kuchenne

riad

Kubek

pohár

Miska

misa

Pałeczki

paličky

Nabierka

naberačka na polievku

Łopatka do smażenia

stierka

Trzepaczka do śmietany

metlička

Cedzak

cedidlo

Sitko

sitko

Tarka

strúhadlo

Moździerz

mažiar

Grillowanie

gril

Palenisko

ohnisko

Deska

doska na krájanie

Wałek do ciasta

valček na cesto

Korkociąg

vývrtka

Puszka

konzerva

Otwieracz do puszek

otvárač na konzervy

Ściereczka do trzymania garnka

chňapka

Umywalka

výlevka

Szczotka

kefa

Gąbka

hubka

Mikser

mixér

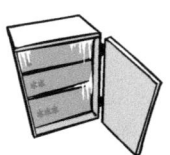

Zamrażarka

mraznička

Butelka dla niemowlęcia

kojenecká fľaša

Kran

vodovodný kohútik

Łazienka
kúpeľňa

Ogrzewanie
kúrenie
Ręcznik
uterák
Prysznic
sprcha
Kotara prysznicowa
sprchový záves
Płyn do kąpieli
pena do kúpeľa
Wanna kąpielowa
vaňa
Szklanka
pohár
Pralka
práčka
Kran
vodovodný kohútik
Kafelki
dlaždice
Nocnik
nočník
Umywalka
výlevka

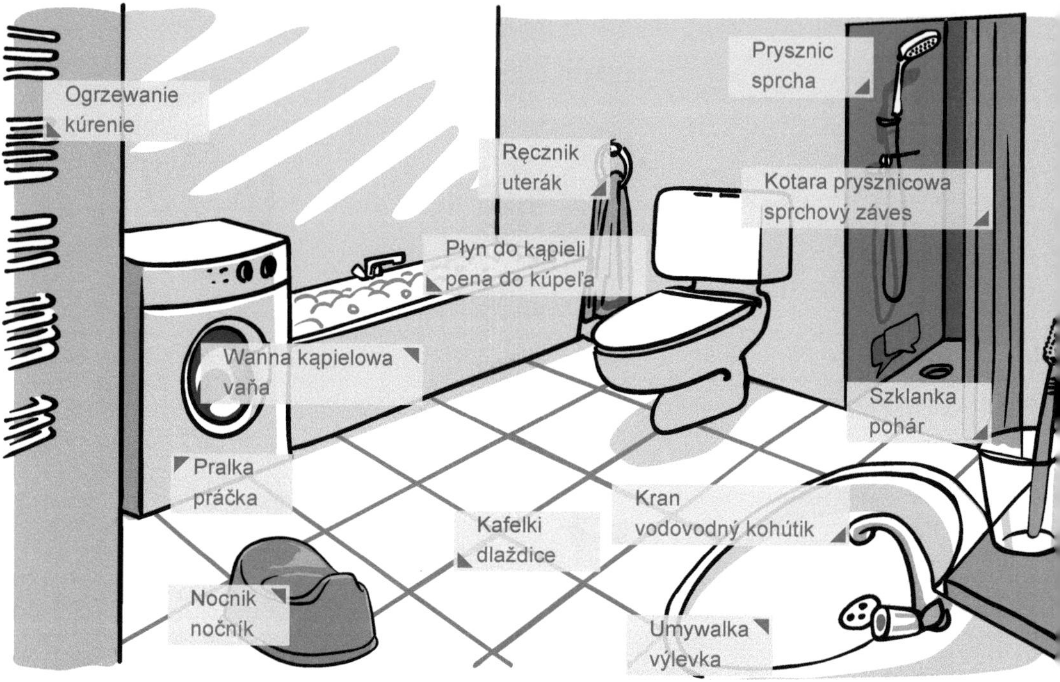

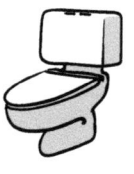

Toaleta
....
záchod

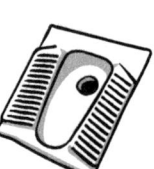

Toaleta kuczna
....
suchý záchod

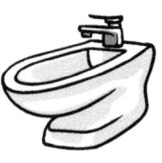

Bidet
....
bidet

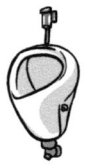

Pisuar
....
pisoár

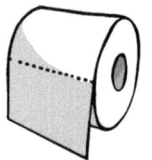

Papier toaletowy
....
toaletný papier

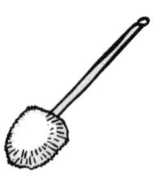

Szczotka toaletowa
....
záchodová kefa

Szczoteczka do zębów

zubná kefka

Pasta do zębów

zubná pasta

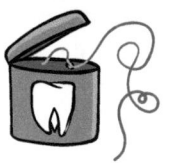

Nitki do czyszczenia zębów

dentálna niť

myć

umývať

Głowica prysznicowa

ručná sprcha

Płyn kąpielowy do higieny intymnej

sprcha pre intímnu hygienu

Miska do mycia

umývadlo

Szczotka kąpielowa

kefa na chrbát

Mydło

mydlo

Żel prysznicowy

sprchový gél

Szampon

šampón

Rękawica kąpielowa

frotírová rukavica

Odpływ

odtok

Krem

krém

Dezodorant

dezodorant

Lustro

zrkadlo

Lustro kosmetyczne

kozmetické zrkadlo

Golarka

žiletka

Pianka do golenia

pena na holenie

Woda po goleniu

voda po holení

Grzebień

hrebeň

Szczotka

kefa

Suszarka do włosów

sušič vlasov

Spray do włosów

sprej na vlasy

Makijaż

make-up

Pomadka

rúž

Lakier do paznokci

lak na nechty

Wata

vata

Nożyczki do paznokci

nožnice na nechty

Perfum

parfum

Kosmetyczka

kozmetická taška

Taboret

stolček

Waga

váha

Szlafrok kąpielowy

kúpací plášť

Rękawice gumowe

gumové rukavice

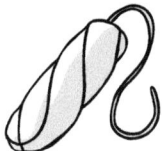

Tampon

tampón

Podpaska damska

menštruačná vložka

Toaleta chemiczna

chemické WC

Pokój dziecięcy
detská izba

Budzik
budík
Pluszowa przytulanka
plyšová hračka
Samochodzik
hračkárske auto
Grzechotka
hrkálka
Domek dla lalek
domček pre bábiky
Prezent
dar

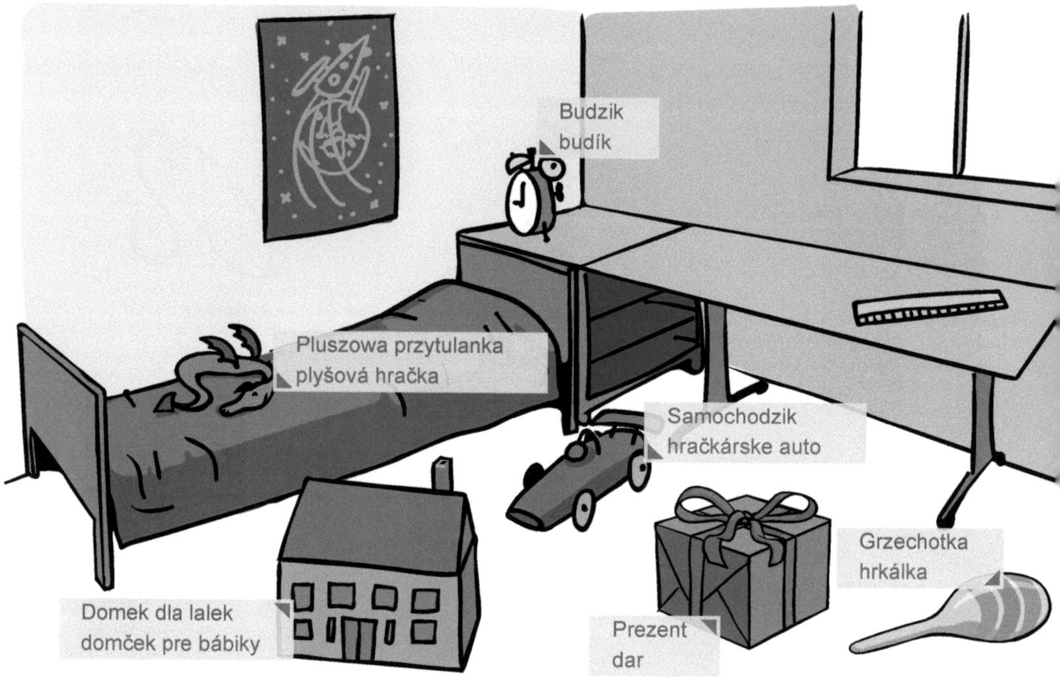

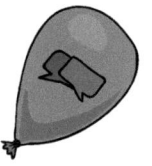

Balon

balón

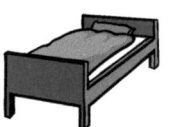

Łóżko

posteľ

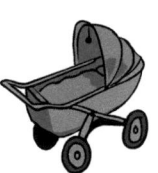

Wózek dziecięcy

detský kočík

Gra w karty

karty

Puzzle

puzzle

SUPER
MEGA

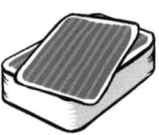

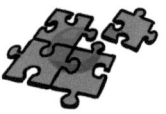

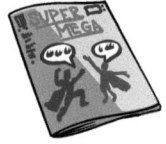

Komiks

komix

Klocki lego

skladačka lego

Klocki

stavebnica

Action figura

akčná postavička

Śpioszek dziecięcy

dupačky

Frisbee

lietajúci tanier

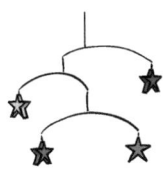

Zabawki ruchome

závesné hračky

Gra planszowa

stolová hra

Kości

kocka

Kolejka elektryczna

modelový vláčik

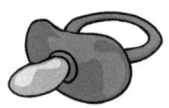

Smoczek

cumlík

Przyjęcie

párty

Książka z ilustracjami

obrázková kniha

Piłka

lopta

Lalka

bábika

bawić się

hrať sa

Piaskownica

pieskovisko

Huśtawka

hojdačka

Zabawki

hračky

Konsola do gier

hracia konzola

Rowerek trójkołowy

trojkolka

Pluszowy miś

medvedík

Szafa ubraniowa

šatník

Ubiór

šatstvo

Skarpety

ponožky

Pończochy

pančuchy

Rajstopy

pančuchové nohavičky

Szal
šál

Parasol
dáždnik

T-Shirt
tričko

Pasek
opasok

Kozaki
čižmy

Pantofle domowe
papuče

Obuwie sportowe
tenisky

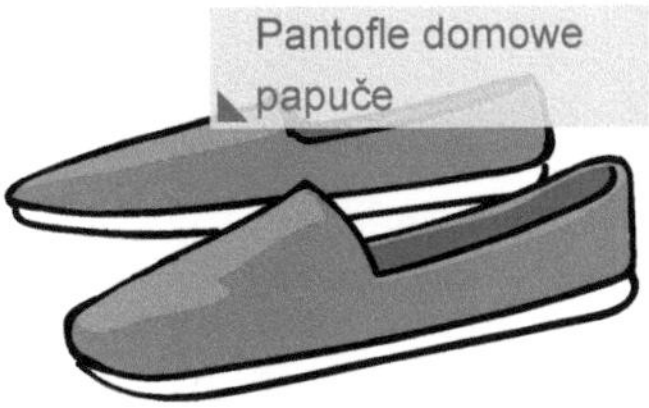

Sandały
....
sandále

Buty
....
topánky

Kalosze
....
gumáky

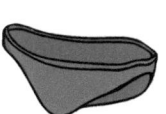

Majtki
....
spodky

Biustonosz
....
podprsenka

Podkoszulek
....
tielko

Body
body

Spodnie
nohavice

Dżins
džínsy

Spódnica
sukňa

Bluzka
blúzka

Koszula
košeľa

Pulower
pulóver

Bluza sportowa
sveter

Marynarka
blejzer

Kurtka
bunda

Płaszcz
kabát

Płaszcz przeciwdeszczowy
pršiplášť

Kostium
kostým

Sukienka
šaty

Suknia ślubna
svadobné šaty

Garnitur męski

oblek

Koszula nocna

nočná košeľa

Piżama

pyžamo

Sari

sari

Chusta na głowę

šatka na hlavu

Turban

turban

Burka

burka

Kaftan

kaftan

Abaya

abaja

Strój kąpielowy

dvojdielne plavky

Kąpielówki

plavky

Krótkie spodnie

šortky

Dres sportowy

tepláková súprava

Fartuch

zástera

Rękawiczki

rukavice

Guzik

gombík

Okulary

okuliare

Bransoletka

náramok

Łańcuszek

retiazka

Pierścionek

prsteň

Kolczyk

náušnica

Czapka

čiapka

Wieszak

vešiak

Kapelusz

klobúk

Krawat

kravata

Zamek błyskawiczny

zips

Kask

prilba

Szelki

traky

Mundurek szkolny

školská uniforma

Mundur

uniforma

Ubiór - šatstvo

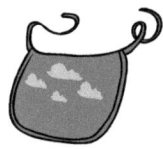

Śliniaczek

podbradník

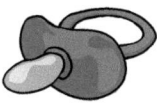

Smoczek

cumlík

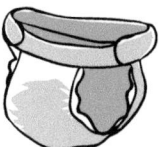

Pieluszka

plienka

Biuro

kancelária

Serwer
server
Szafa na akta
skriňa na spisy
Drukarka
tlačiareň
Papier
papier
Monitor
monitor
Mysz
myš
Biurko
písací stôl
Segregator
zakladač
Klawiatura
klávesnica
Kosz na odpadki
kôš na papier
Komputer
počítač
Krzesło
stolička

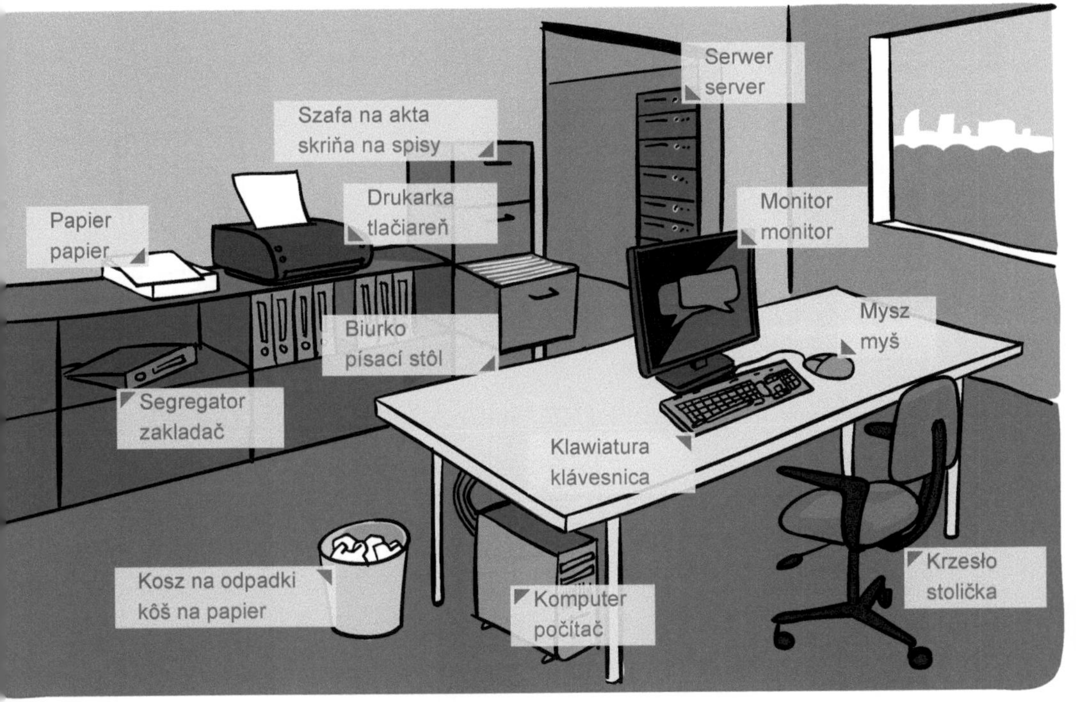

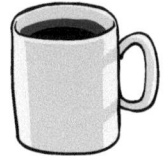

Filiżanka do kawy

hrnček na kávu

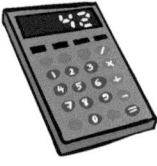

Kalkulator

kalkulačka

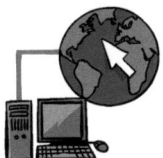

Internet

internet

Laptop

laptop

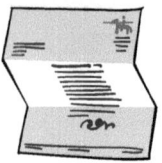

List

list

Wiadomość

správa

Komórka

mobil

Sieć

sieť

Kopiarka

kopírka

Oprogramowanie

softvér

Telefon

telefón

Gniazdko

elektrická zásuvka

Faks

fax

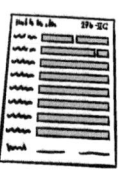

Formularz

formulár

Dokument

doklad

kupić

kúpiť

płacić

platiť

postępować

obchodovať

Pieniądze

peniaze

Dolar

dolár

Euro

euro

Jen

jen

Rubel

rubeľ

Frank

švajčiarsky frank

Juan Renminbi

čínsky jüan

Rupia

rupia

Bankomat

bankomat

Kantor wymiany walut

zmenáreň

Złoto

zlato

Srebro

striebro

Olej

ropa

Energia

energia

Cena

cena

Umowa

zmluva

Podatek

daň

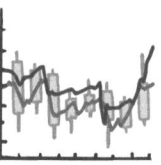

Akcja

akcia

pracować

pracovať

Pracownik umysłowy

zamestnanec

Pracodawca

zamestnávateľ

Fabryka

továreň

Sklep

obchod

Gospodarka - hospodárstvo

Zawody
povolania

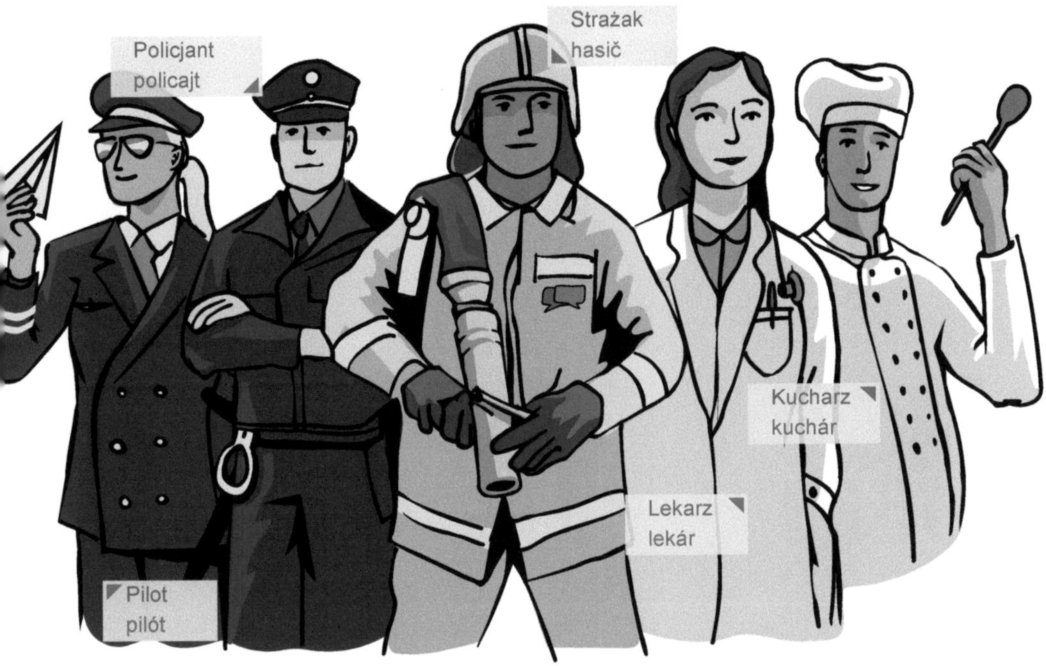

Policjant
policajt
Strażak
hasič
Kucharz
kuchár
Lekarz
lekár
Pilot
pilót

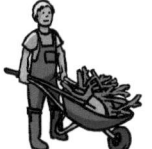

Ogrodnik

záhradník

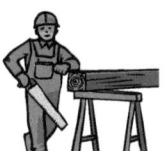

Stolarz

stolár

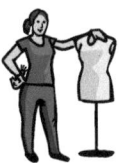

Krawcowa

krajčírka

Sędzia

sudca

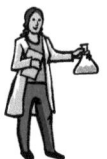

Chemik

chemik

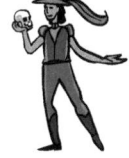

Aktor

herec

Kierowca autobusu

vodič autobusu

Taksówkarz

taxikár

Fischer

rybár

Sprzątaczka

upratovačka

Dekarz

pokrývač

Kelner

čašník

Myśliwy

poľovník

Malarz

maliar

Piekarz

pekár

Elektryk

elektrikár

Robotnik budowlany

stavebný robotník

Inżynier

inžinier

Rzeźnik

mäsiar

Instalator

klampiar

Listonosz

poštár

Żołnierz

vojak

Architekt

architekt

Kasjer

pokladník

Florysta

kvetinár

Fryzjer

kaderník

Konduktor

sprievodca

Mechanik

mechanik

Kapitan

kapitán

Dentysta

zubár

Naukowiec

vedec

Rabin

rabín

Imam

imám

Mnich

mních

Proboszcz

farár

Narzędzia

náradie

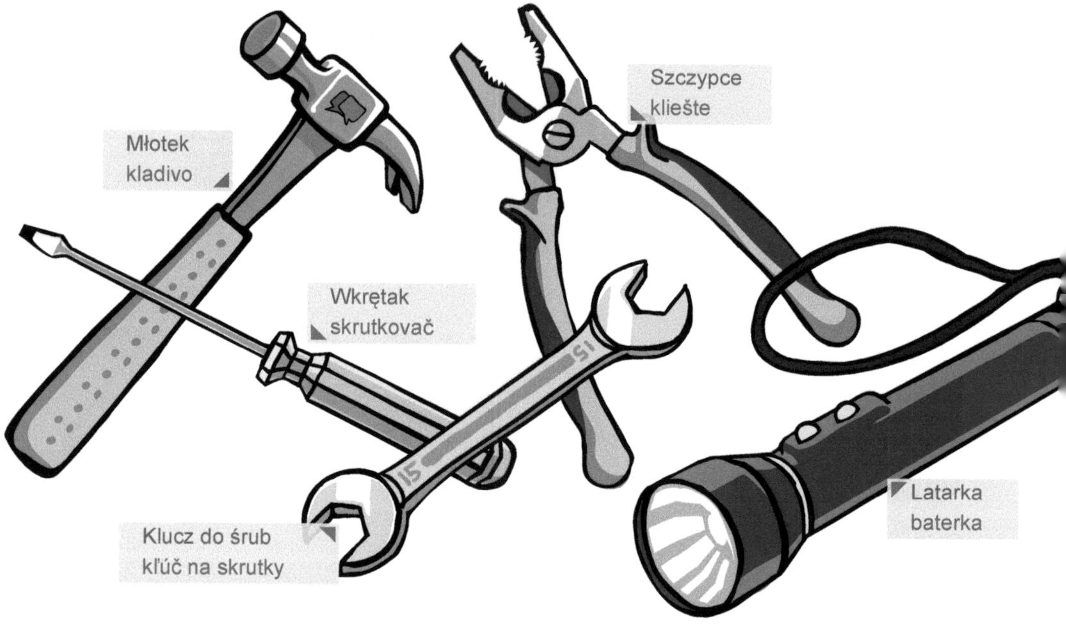

Szczypce
kliešte
Młotek
kladivo
Wkrętak
skrutkovač
Klucz do śrub
kľúč na skrutky
Latarka
baterka

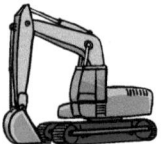

Koparka

bager

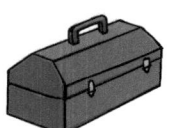

Skrzynka narzędziowa

súprava náradia

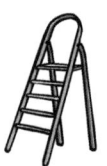

Drabina

rebrík

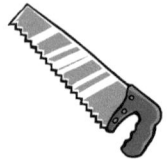

Piła

pílka

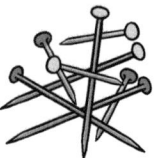

Gwoździe

klince

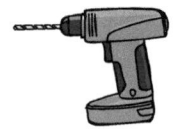

Wiertło

vrták

naprawić
....
opraviť

Łopatka
....
lopata

Cholera!
....
Do čerta!

Szufelka
....
lopatka na smeti

Puszka z farbą
....
nádoba s farbou

Śruby
....
skrutky

Instrumenty muzyczne
hudobné nástroje

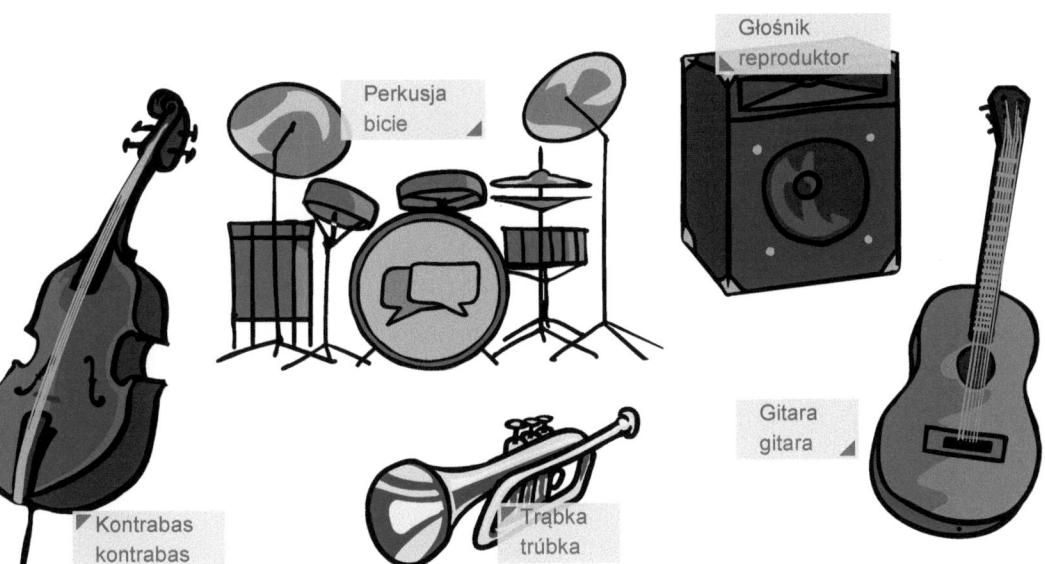

Głośnik
reproduktor

Perkusja
bicie

Gitara
gitara

Kontrabas
kontrabas

Trąbka
trúbka

Pianino

klavír

Skrzypce

husle

Bas

basa

Kotły

tympany

Bęben

bubon

Keyboard

klávesnica

Saksofon

saxofón

Flet

flauta

Mikrofon

mikrofón

Zoo
ZOO

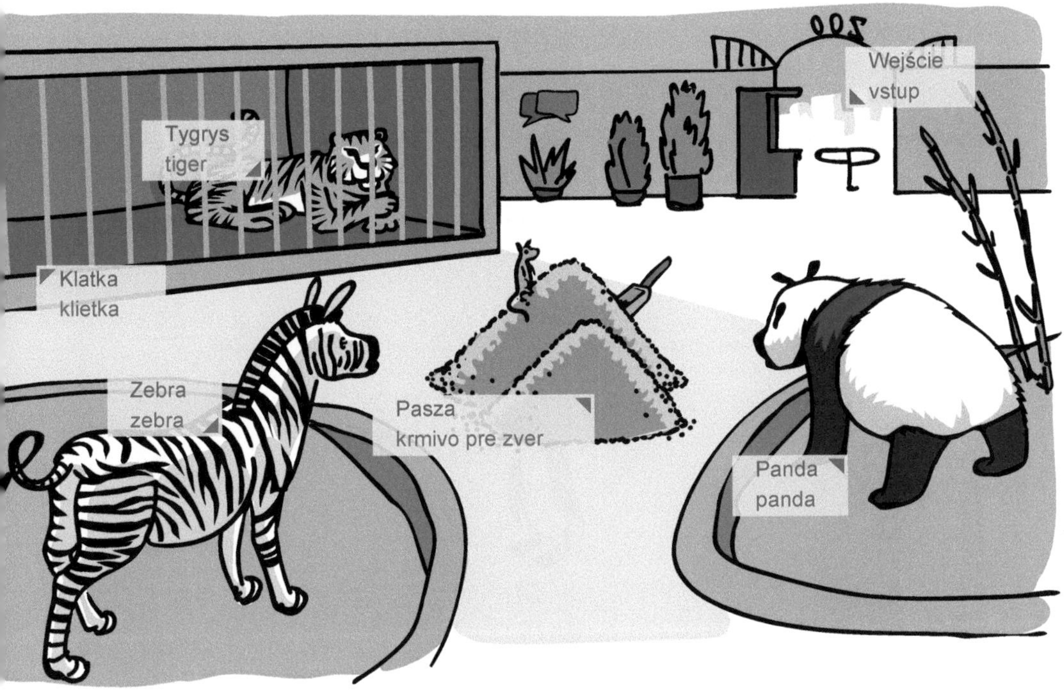
Tygrys
tiger
Wejście
vstup
Klatka
klietka
Zebra
zebra
Pasza
krmivo pre zver
Panda
panda

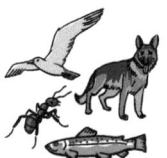

Zwierzęta

zvieratá

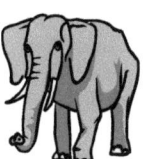

Słoń

slon

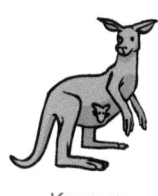

Kangur

klokan

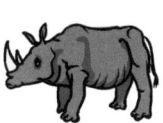

Nosorożec

nosorožec

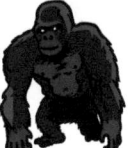

Goryl

gorila

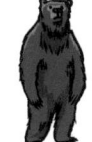

Niedźwiedź

medveď

Wielbłąd

ťava

Struś

pštros

Lew

lev

Małpa

opica

Fleming

plameniak

Papuga

papagáj

Niedźwiedź polarny

ľadový medveď

Pingwin

tučniak

Rekin

žralok

Paw

páv

Wąż

had

Krokodyl

krokodíl

Dozorca w zoo

ošetrovateľ v ZOO

Foka

tuleň

Jaguar

jaguár

Kucyk

poník

Gepard

leopard

Hipopotam

hroch

Żyrafa

žirafa

Orzeł

orol

Dzik

diviak

Ryba

ryba

Żółw

korytnačka

Mors

mrož

Lis

líška

Gazela

gazela

Futbol amerykański
americký futbal

Kolarstwo
cyklistika

Tenis
tenis

Koszykówka
basketbal

Pływanie
plávanie

Boks
box

Hokej na lodzie
hokej

Piłka nożna

futbal

Badminton

bedminton

Lekka atletyka

ľahká atletika

Piłka ręczna

hádzaná

Narciarstwo

lyžovanie

Polo

pólo

Działania
aktivity

śmiać się
smiať sa
skakać
skočiť
objąć
objať
iść
chodiť
śpiewać
spievať
marzyć
snívať
modlić się
modliť sa
całować
pobozkať

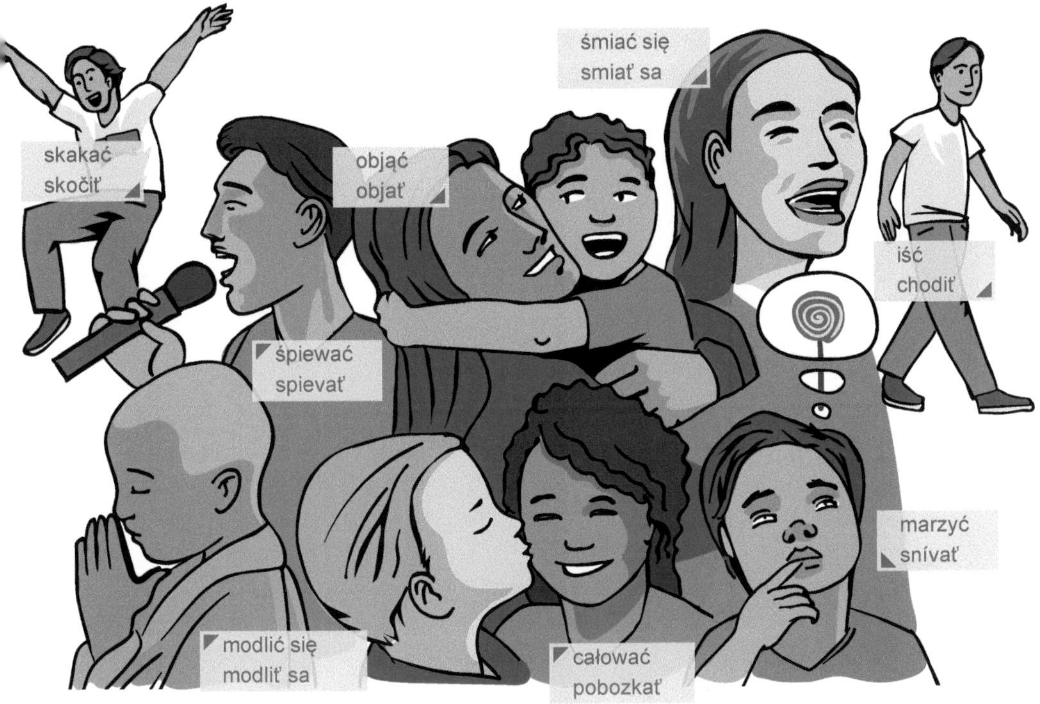

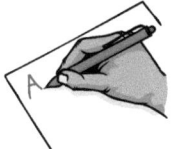

pisać

písať

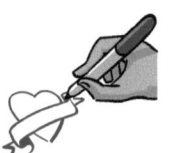

rysować

kresliť

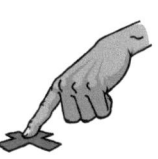

pokazywać

ukázať

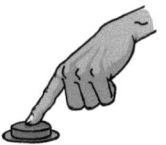

nacisnąć

tlačiť

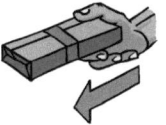

dać

dať

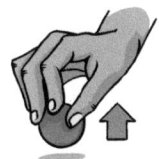

wziąć

brať

mieć
....
mať

robić
....
robiť

być
....
byť

stać
....
stáť

biegać
....
bežať

ciągnąć
....
ťahať

rzucać
....
hádzať

spaść
....
padnúť

leżeć
....
ležať

czekać
....
čakať

nosić
....
nosiť

siedzieć
....
sedieť

zakładać
....
obliecť sa

spać
....
spať

budzić się
....
zobudiť sa

spojrzeć
....
pozerať

płakać
....
plakať

głaskać
....
hladkať

czesać się
....
česať

mówić
....
hovoriť

rozumieć
....
rozumieť

pytać
....
pýtať sa

słyszeć
....
počuť

pić
....
piť

jeść
....
jesť

sprzątać
....
upratať

kochać
....
milovať

gotować
....
variť

jechać
....
jazdiť

latać
....
letieť

żeglować

plachtiť

liczyć

počítať

czytać

čítať

uczyć się

učiť sa

pracować

pracovať

wejść w związek małżeński

oženiť

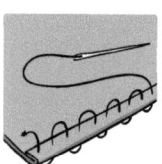

szyć

šiť

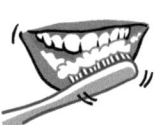

myć zęby

čistiť zuby

zabić

zabiť

palić tytoń

fajčiť

wysłać

poslať

Rodzina
rodina

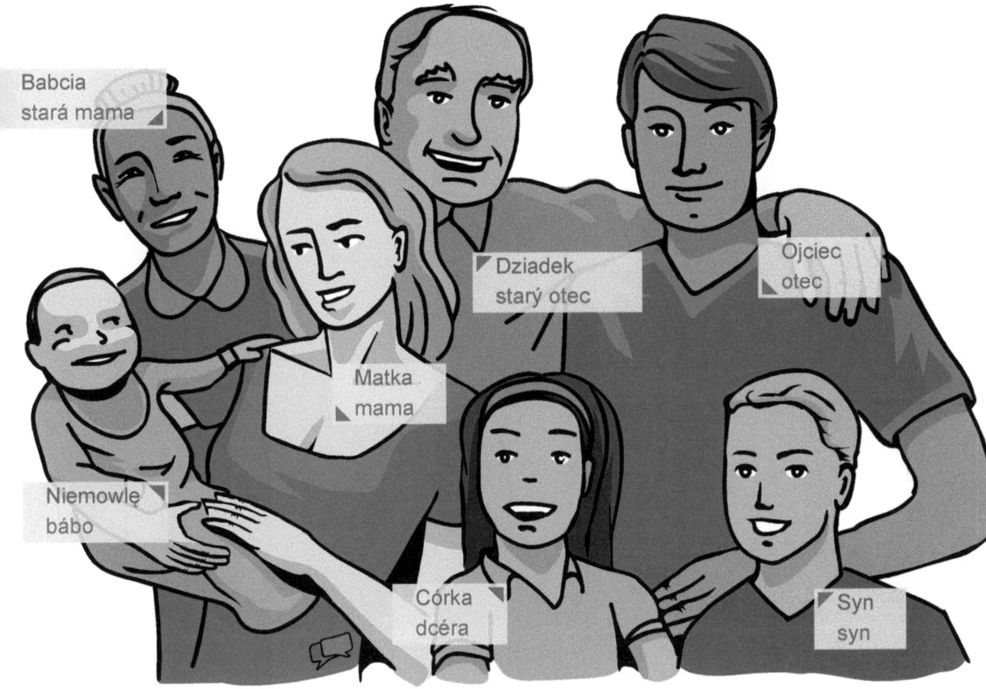

Babcia
stará mama
Dziadek
starý otec
Ojciec
otec
Matka
mama
Niemowlę
bábo
Córka
dcéra
Syn
syn

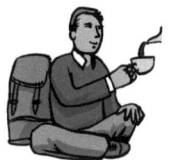

Gość

hosť

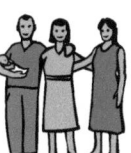

Ciotka

teta

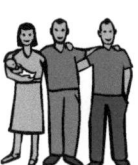

Wujek

strýko

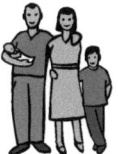

Brat

brat

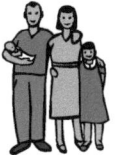

Siostra

sestra

Ciało
telo

Czoło
čelo
Oko
oko
Twarz
tvár
Broda
brada
Pierś
hruď
Palec
prst
Ręka
ruka
Ramię
rameno
Ramię
plece
Noga
noha

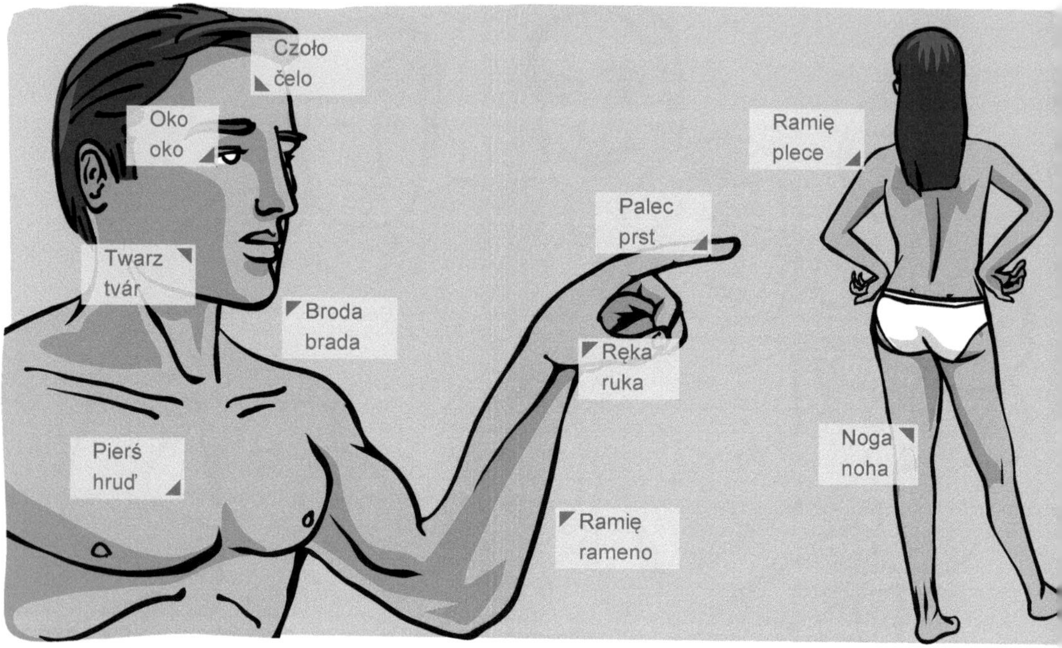

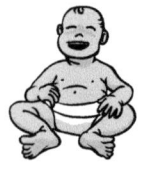

Niemowlę

bábo

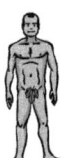

Mężczyzna

muž

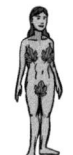

Kobieta

žena

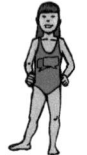

Dziewczyna

dievča

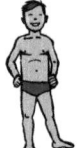

Chłopiec

chlapec

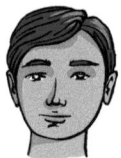

Głowa

hlava

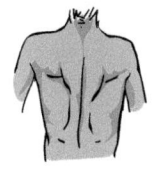

Plecy

chrbát

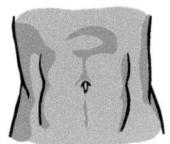

Brzuch

brucho

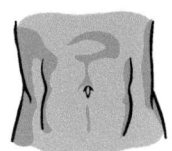

Pępek

pupok

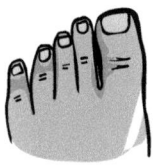

palec nogi

prst na nohe

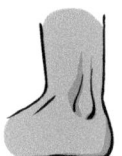

Pięta

päta

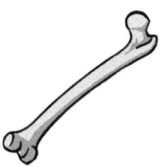

Kość

kosť

Biodro

bok

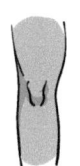

Kolano

koleno

Łokieć

lakeť

Nos

nos

Pośladki

zadok

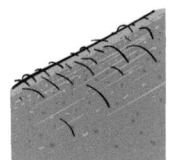

Skóra

koža

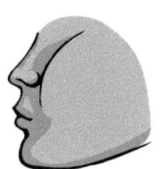

Policzek

líce

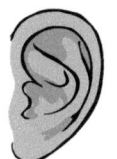

Uszy

ucho

Warga

pery

Usta

ústa

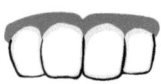

Ząb

zub

Język

jazyk

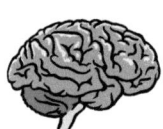

Mózg

mozog

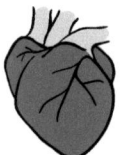

Serce

srdce

Mięsień

svaly

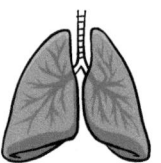

Płuca

pľúca

Wątroba

pečeň

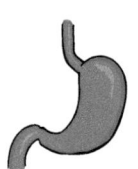

Żołądek

žalúdok

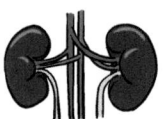

Nerki

obličky

Stosunek płciowy

pohlavný styk

Kondom

kondóm

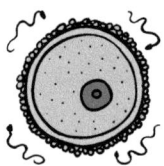

Komórka jajowa

vaječná bunka

Sperma

semeno

Ciąża

tehotenstvo

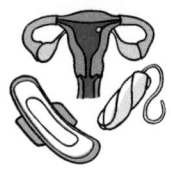

Menstruacja
....
menštruácia

Wagina
....
vagína

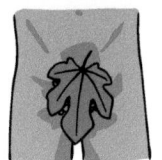

Penis
....
penis

Brew
....
obočie

Włosy
....
vlasy

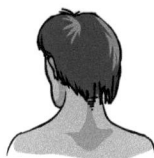

Szyja
....
krk

Szpital
nemocnica

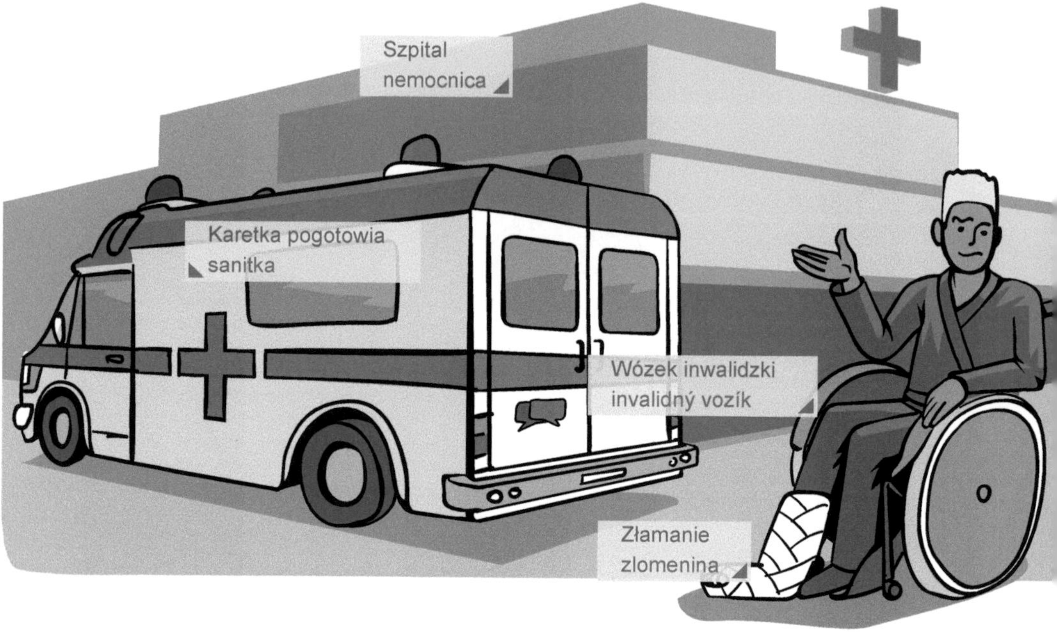

Szpital
nemocnica
Karetka pogotowia
sanitka
Wózek inwalidzki
invalidný vozík
Złamanie
zlomenina

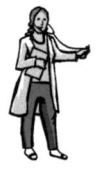

Lekarz

lekár

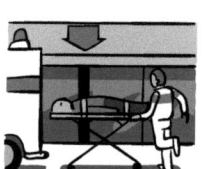

Izba przyjęć

urgentný príjem

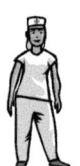

Pielęgniarka

sestrička

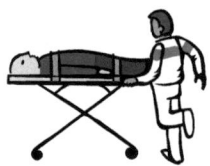

Nagły przypadek

urgentný prípad

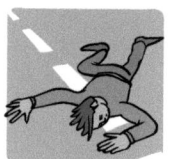

nieprzytomny

v bezvedomí

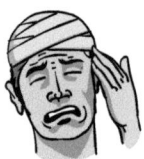

Ból

bolesť

Skaleczenie

zranenie

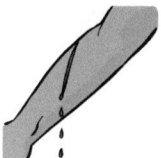

Krwawienie

krvácanie

Zawał serca

srdcový infarkt

Udar mózgu

mozgová porážka

Alergia

alergia

Kaszleć

kašeľ

Gorączka

teplota

Grypa

chrípka

Biegunka

hnačka

Ból głowy

bolesť hlavy

Rak

rakovina

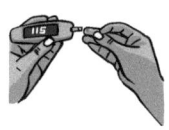

Cukrzyca

cukrovka

Chirurg

chirurg

Skalpel

skalpel

Operacja

operácia

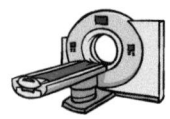

CT

CT

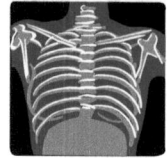

Rentgen

RTG

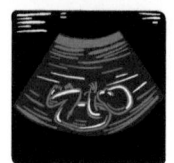

Ultradźwięki

ultrazvuk

Maska

maska

Choroba

choroba

Poczekalnia

čakáreň

Kula

barla

Plaster

náplasť

Opatrunek

obväz

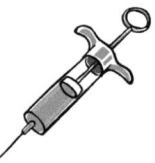

Iniekcja

injekcia

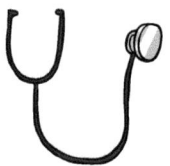

Stetoskop

fonendoskop

Nosze

nosidlá

Termometr

teplomer

Poród

pôrod

Nadwaga

nadváha

Aparat słuchowy

audiofón

Środek dezynfekcyjny

dezinfekčný prostriedok

Infekcja

infekcia

Wirus

vírus

HIV / AIDS

HIV / AIDS

Medycyna

medicína

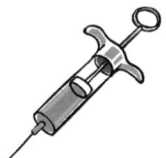

Szczepienie

očkovanie

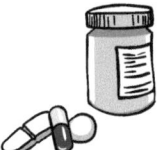

Tabletki

tabletky

Pigułka

antikoncepčná pilulka

Telefon ratunkowy

tiesňové volanie

Ciśnieniomierz krwi

tlakomer

chory / zdrowy

chorý / zdravý

Pomocy!

Pomoc!

Alarm

alarm

Napad

prepad

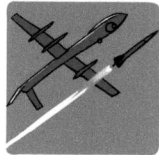

Atak

útok

Niebezpieczeństwo

nebezpečenstvo

Wyjście awaryjne

núdzový východ

Pożar!

Horí!

Gaśnica

hasičský prístroj

Wypadek

nehoda

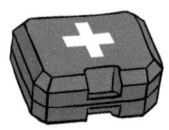

Walizeczka pierwszej pomocy

kufrík prvej pomoci

SOS

SOS

Policja

polícia

Europa

Európa

Ameryka Północna

Severná Amerika

Ameryka Południowa

Južná Amerika

Afryka

Afrika

Azja

Ázia

Australia

Austrália

Atlantyk

Atlantický oceán

Pacyfik

Tichý oceán

Ocean Indyjski

Indický oceán

Ocean Antarktyczny

Južný oceán

Ocean Arktyczny

Severný ľadový oceán

Biegun północny

Severný pól

Biegun południowy
Jużný pól

Antarktyda
Antarktída

Ziemia
Zem

Kraj
krajina

Morze
more

Wyspa
ostrov

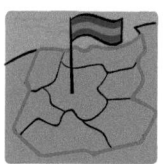

Naród
národ

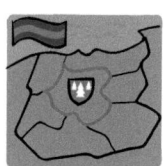

Państwo
štát

Cyferblat

ciferník

Wskazówka godzinowa

hodinová ručička

Wskazówka minutowa

minútová ručička

Wskazówka sekundowa

sekundová ručička

Która godzina?

Koľko je hodín?

Dzień

deň

Czas

čas

teraz

teraz

Zegarek digitalny

digitálne hodiny

Minuta

minúta

Godzina

hodina

Tydzień

týždeň

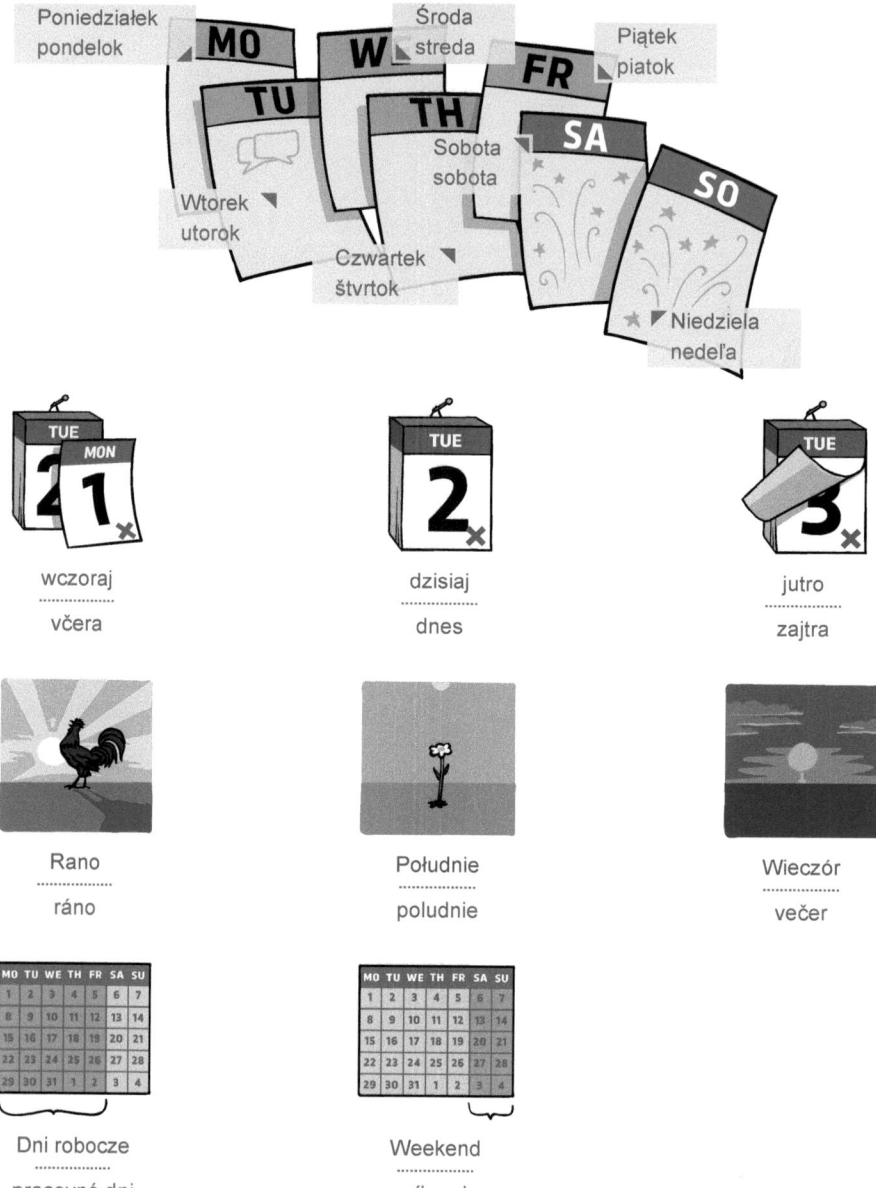

Poniedziałek
pondelok

MO

Środa
streda

W

Piątek
piatok

FR

TU

TH

Wtorek
utorok

Sobota
sobota

SA

Czwartek
štvrtok

SO

Niedziela
nedeľa

wczoraj	dzisiaj	jutro
včera	dnes	zajtra

Rano	Południe	Wieczór
ráno	poludnie	večer

Dni robocze	Weekend
pracovné dni	víkend

Deszcz
dážď

Tęcza
dúha

Wiatr
vietor

Śnieg
sneh

Wiosna
jar

Lato
leto

Jesień
jeseň

Zima
zima

4.APRIL	11°	☀
5.APRIL	4°	⛅
6.APRIL	13°	🌩
7.APRIL	8°	☀
8.APRIL	10°	☀

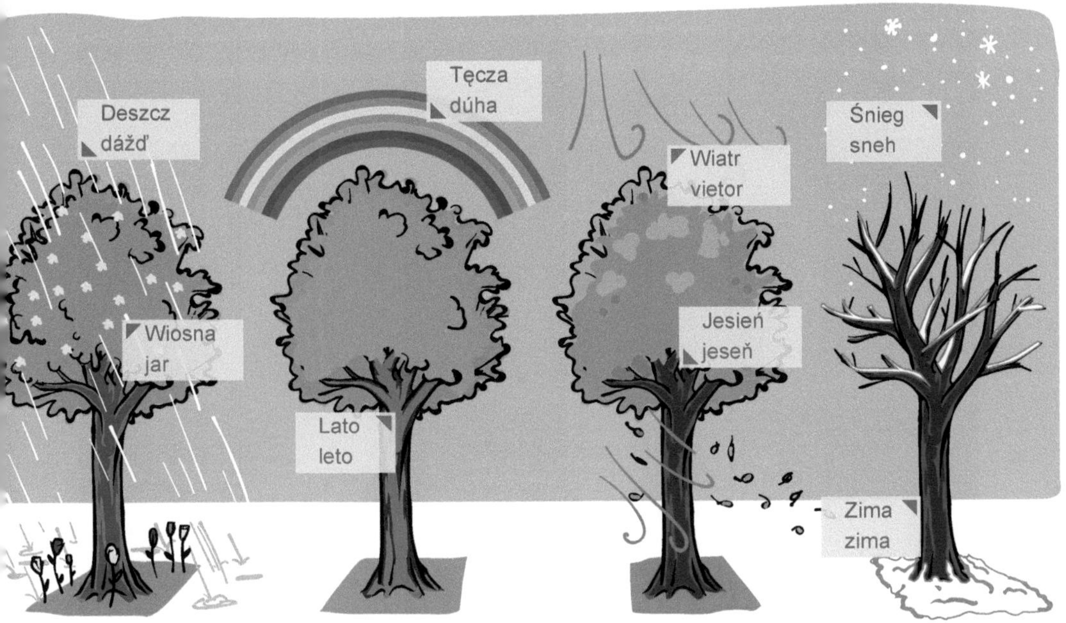

Prognoza pogody

predpoveď počasia

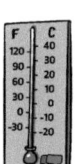

Termometr

teplomer

Światło słoneczne

slnečný svit

Chmura

oblak

Mgła

hmla

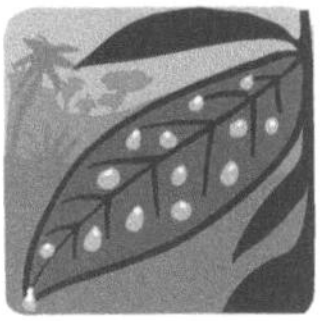

Wilgotność powietrza

vlhkosť vzduchu

Błyskawica

blesk

Grzmot

hrom

Sztorm

búrka

Grad

krúpy

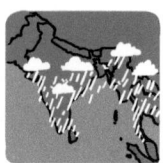

Monsun

monzún

Potop

záplava

Lód

ľad

Styczeń

január

Luty

február

Marzec

marec

Kwiecień

apríl

Maj

máj

Czerwiec

jún

Lipiec

júl

Sierpień

august

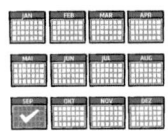

Wrzesień
....
september

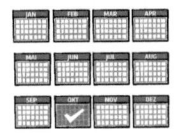

Październik
....
október

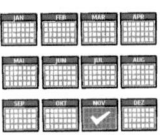

Listopad
....
november

Grudzień
....
december

Kształty
tvary

Koło
....
kruh

Kwadrat
....
štvorec

Prostokąt
....
obdĺžnik

Trójkąt
....
trojuholník

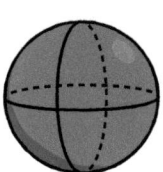

Kula
....
guľa

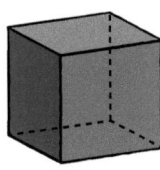

Sześcian
....
kocka

Kolory
farby

biały
....
biela

żółty
....
žltá

pomarańczowy
....
oranžová

różowy
....
ružová

czerwony
....
červená

liliowy
....
fialová

niebieski
....
modrá

zielony
....
zelená

brązowy
....
hnedá

szary
....
šedá

czarny
....
čierna

dużo / mało
....
veľa / málo

wściekły / spokojny
....
zúrivý / pokojný

piękny / brzydki
....
pekný / škaredý

początek / koniec
....
začiatok / koniec

duży / mały
....
veľký / malý

jasny / ciemny
....
svetlý / tmavý

brat / siostra
....
brat / sestra

czysty / brudny
....
čistý / špinavý

kompletny / niekompletny
....
úplný / neúplný

dzień / noc
....
deň / noc

umarły / żywy
....
mŕtvy / živý

szeroki / wąski
....
široký / úzky

jadalny / niejadalny

chutný / nechutný

zły / uprzejmy

zlostný / láskavý

podniecony / znudzony

vzrušený / unudený

gruby / chudy

tlstý / chudý

najpierw / na końcu

prvý / posledný

przyjaciel / wróg

priateľ / nepriateľ

pełen / pusty

plný / prázdny

twardy / miękki

tvrdý / mäkký

ciężki / lekki

ťažký / ľahký

głód / pragnienie

hlad / smäd

chory / zdrowy

chorý / zdravý

nielegalny / legalny

nelegálny / legálny

inteligentny / głupi

inteligentný / hlúpy

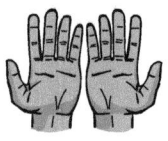

lewo / prawo

vľavo / vpravo

bliski / daleki

blízko / ďaleko

nowy / używany

nový / použitý

nic / coś

nič / niečo

stary / młody

starý / mladý

włącz / wyłącz

zapnuté / vypnuté

otwarty / zamknięty

otvorené / zatvorené

cichy / głośny

tichý / hlasný

bogaty / biedny

bohatý / chudobný

prawidłowy / błędny

správne / nesprávne

chropowaty / gładki

drsný / hladký

smutny / szczęśliwy

smutný / šťastný

krótki / długi

krátky / dlhý

powolny / szybki

pomaly / rýchlo

mokry/suchy

mokrý / suchý

ciepły / chłodny

teplý / studený

wojna / pokój

vojna / mier

0

zero

nula

1

jeden

jeden

2

dwa

dva

3

trzy

tri

4

cztery

štyri

5

pięć

päť

6

sześć

šesť

7

siedem

sedem

8

osiem

osem

9

dziewięć

deväť

10

dziesięć

desať

11

jedenaście

jedenásť

12

dwanaście

dvanásť

13

trzynaście

trinásť

14

czternaście

štrnásť

15

piętnaście

pätnásť

16

szesnaście

šestnásť

17

siedemnaście

sedemnásť

18

osiemnaście

osemnásť

19

dziewiętnaście

devätnásť

20

dwadzieścia

dvadsať

100

sto

sto

1.000

tysiąc

tisíc

1.000.000

milion

milión

Angielski

anglictina

Angielski amerykański

americká angličtina

Chiński mandaryński

mandarínska čínština

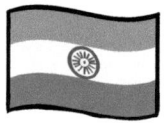

Hindi

hindčina

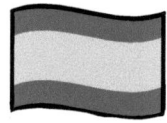

Hiszpański

španielčina

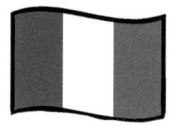

Francuski

francúzština

Arabski

arabčina

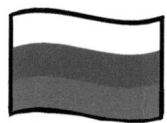

Rosyjski

ruština

Portugalski

portugalčina

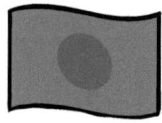

Bengalski

bengálčina

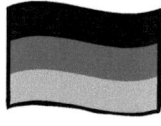

Niemiecki

nemčina

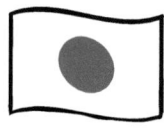

Japoński

japončina

ja
ja

ty
ty

on / ona / ono
on/ona/ono

my
my

wy
vy

oni
oni

kto?
kto?

co?
čo?

jak?
ako?

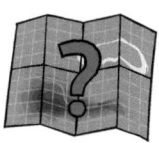

gdzie?
kde?

kiedy?
kedy?

Nazwisko
meno

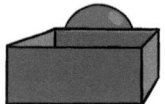

za
....
za

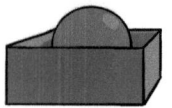

w
....
v

przed
....
pred

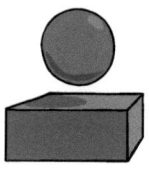

powyżej
....
nad

na
....
na

pod
....
pod

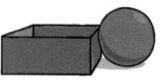

obok
....
vedľa

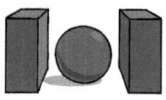

między
....
medzi

Miejsce
....
miesto